CODE LYOKO™

TENTATION

Série créée par Tania Palumbo, Thomas Romain & Carlo de Boutiny.
D'après un scénario original, pour cet épisode, de Sophie Decroisette et Laurent Turner.

Novélisation : Fabrice Colin.
Conception graphique du roman : François Hacker.

Hachette Livre, 43, quai de Grenelle, 75015 Paris.

CODE LYOKO™

TENTATION

HACHETTE

L'univers de CODE LYOKO

Infecté par le virus X.A.N.A., le super ordinateur qui contrôle le monde digital (Lyoko) cherche aujourd'hui à détruire la Terre. Aelita, la seule humanoïde virtuelle qui vit sur Lyoko, lui résiste.

Lyoko est un monde virtuel créé par Franz Hopper, génie informatique et ancien enseignant au collège Kadic. Lyoko est composé de quatre territoires : la Banquise, la Forêt, le Désert et la Montagne. Chaque territoire possède des tours, des bases de données que X.A.N.A. active pour lancer des virus sur Terre.

Un groupe de collégiens connaît l'existence de Lyoko et la menace de X.A.N.A. qui plane sur la Terre : Yumi, Odd, Ulrich et Jeremy.

Ils partagent en secret une double vie : collégiens comme les autres pendant les heures de cours, ils passent le reste de leur temps à sauver le monde. Ils se virtualisent depuis leur laboratoire secret, dans le monde d'Aelita, leur meilleure amie, afin de déjouer les plans de X.A.N.A.

COLLÈGE KADIC

USINE

PONT

YUMI ISHIYAMA

Âge : 14 ans.

Scolarité : En 3e au collège Kadic, bonne élève, appréciée des professeurs, externe.

Famille : Parents japonais.

Ce qu'elle aime : La couleur noire, la culture japonaise, les matières littéraires, la loyauté, la réflexion, l'humour et l'ironie.

Ce qu'elle déteste : L'injustice et la superficialité.

Personnage virtuel : Princesse japonaise.

L'Overwing est le véhicule de Yumi, croisement entre un scooter et un aéroglisseur. Très maniable, il facilite ses déplacements dans Lyoko.

Zen, mûre pour son âge, Yumi impose le respect et prend souvent les décisions importantes.

ULRICH STERN

Âge : 13 ans.

Scolarité : En 4e au collège Kadic, élève moyen, interne, partage sa chambre avec Odd.

Famille : Fils unique de parents assez riches qu'il voit très peu.

Ce qu'il aime : Les sports de combat, notamment le pen-chak silat, le foot, faire enrager le surveillant de l'internat, jouer au bel indifférent.

Ce qu'il déteste : La discipline et les confidences.

Personnage virtuel : Un samouraï.

Ulrich utilise l'Overbike, une moto ultra-compacte et très puissante qui possède une capacité d'accélération hors du commun.

Mystérieux, rebelle et plein de sang-froid, dans l'action, Ulrich est un véritable virtuose.

ODD DELLA ROBIA

Âge : 13 ans.

Scolarité : En 4e au collège Kadic, élève moyen (avec l'aide de Jeremy), interne, partage sa chambre avec Ulrich.

Famille : Des parents artistes qui lui ont transmis le goût de la liberté et un esprit curieux.

Ce qu'il aime : Le jeu, les arts, la fantaisie, l'humour, son chien Kiwi.

Ce qu'il déteste : Le sérieux, la logique et la modération.

Personnage virtuel : Homme-chat.

L'Overboard de Odd est un surf volant souple et léger nécessitant une grande habileté, il lui permet de réaliser d'étonnantes cascades.

Indifférent au danger, réagissant à l'instinct, Odd est le casse-cou et l'amuseur de la bande.

JEREMY BELPOIS

Âge : 12 ans.

Scolarité : En 4e au collège Kadic, élève surdoué, interne.

Famille : Fils unique, parents de milieu modeste, très fiers de leur prodige.

Ce qu'il aime : L'informatique, les robots, les machines, les inventions, les équations, la réalité virtuelle.

Ce qu'il déteste : Les menus problèmes du quotidien.

Personnage virtuel : Aucun.

Jeremy est le petit génie de la bande et supervise tel un chef d'orchestre les voyages virtuels de ses amis.

AELITA

Arme : Ne se bat pas.

Pouvoir : Synthétisation d'objets naturels éphémères.

Signe particulier : Elle connaît parfaitement Lyoko.

Créature virtuelle humanoïde dotée d'un tempérament à la fois confiant et paisible, Aelita est l'unique habitante et la gardienne de Lyoko. Son existence est totalement liée à celle de X.A.N.A.

Sissi, alias
Elisabeth Delmas

Interne de 4e,
fille du proviseur.

Hervé Pichon,
Nicolas Poliakoff

Internes de 4e,
chevaliers servants de Sissi.

Milly Solovieff,
Tamiya Diop

Internes de 6e, journalistes
du collège Kadic.

Jean-Pierre Delmas

Proviseur du collège Kadic.

Suzanne Hertz

Professeur de science et vie
de la Terre et de technologie.

Jim Moralès

Professeur d'éducation physique et
surveillant général de l'internat.

LEXIQUE

antivirus : programme chargé de détecter la présence de virus dans un système électronique et de les supprimer.

carte d'identité digitale : l'une des interfaces du programme Lyoko regroupant des caractéristiques des personnages virtuels comme le nom, le nombre de points de vie, l'arme et les pouvoirs...

collège Kadic : pensionnat où Yumi, Odd, Ulrich et Jeremy sont élèves. Deux passages secrets relient le collège à l'usine désaffectée où se trouve le supercalculateur*.

désactiver : neutraliser un virus, par exemple celui qui infecte une tour de Lyoko.
Synonyme : dévirusser.

dévirtualisation : fin de la vie virtuelle et renvoi dans le monde réel.

hologramme de Lyoko : image du monde virtuel en relief.

holomap : plan virtuel holographique en 3D du monde Lyoko, qui se décompose en quatre territoires : la Banquise, la Forêt, le Désert et la Montagne.

humanoïde : ce terme désigne un être d'apparence humaine. Aelita est une humanoïde : elle ressemble à une jeune fille humaine mais elle est en fait une créature virtuelle.

matérialisation : action de rendre matériel ou réel ce qui est immatériel ou virtuel. La matérialisation d'Aelita en jeune fille humaine lui permettrait de vivre dans le monde réel.

monstre : créature digitale armée au service de X.A.N.A.

plonger : voyager virtuellement sur Lyoko.

scannérisation : copie électronique en 3D des collégiens par les scanners du super ordinateur en vue d'obtenir leurs clones digitaux.
Synonymes : numérisation, digitalisation.

super ordinateur : ordinateur ultra-puissant découvert par Yumi, Odd, Ulrich et Jeremy dans une usine désaffectée proche du collège Kadic*, notamment doté d'écrans multiples et de scanners 3D. Il occupe, avec ses périphériques, trois salles superposées : le laboratoire, la salle des scanners, la salle du supercalculateur*. Des câbles numériques le relient au monde virtuel et parallèle Lyoko, dont il dirige l'existence digitale. Pour une raison inconnue des collégiens, il est infecté par un virus dénommé X.A.N.A.
Synonyme : supercalculateur

LEXIQUE SUITE

synthétisation : action de créer par effort mental quelque chose de matériel. Grâce à ce pouvoir, Aelita peut créer des objets naturels et éphémères sur Lyoko, comme des ponts, des rochers, des troncs d'arbres ou des murs de glace.

tour : banque de données de Lyoko reliée aux réseaux informatique et électrique terrestres, activée lorsqu'elle est infectée par un virus envoyé par X.A.N.A.

transfert : déplacement de quelqu'un ou quelque chose du monde réel au monde virtuel.

X.A.N.A. : C'est le virus infectant le super ordinateur qui régente le monde virtuel. Son but : détruire la Terre et prendre le contrôle de Lyoko. Pour cela il lance des attaques dans le monde réel et peut prendre le contrôle d'objets électroniques, d'animaux ou d'êtres humains.

Les mots avec un astérisque*
sont définis dans le lexique.

1

CACHE-CACHE FRELIONS

Le Territoire de la Forêt – vaste étendue semée d'arbres gigantesques dont les cimes se perdent vers les nuées ! Nos amis sont engagés dans une course folle, slalomant entre les troncs qui s'étendent à perte de vue. Lancé à pleine vitesse, Odd fonce sur son overboard, exécutant des figures terriblement risquées pour ne pas percuter l'un de ces monstres de plein fouet.

Aelita, qui se trouve elle aussi sur la planche, se cramponne à lui. Derrière eux, trois Frelions les poursuivent et tirent sur eux des rafales de laser ininterrompues. Le contrôle du véhicule devient de plus en plus difficile. Alors qu'il va s'écraser contre un arbre, Odd dévie la course de son overboard à la dernière seconde, échappant de justesse à la catastrophe. L'un des trois monstres qui les poursuit n'a pas ce réflexe. Incapable d'éviter l'arbre en question, il disparaît dans une explosion.

Odd, ravi, continue sa course. Aelita se tient toujours à lui. Zigzagant de plus en plus vite, les deux fugitifs évitent tant bien que mal les tirs des deux Frelions toujours à leur poursuite. Aelita s'inquiète de voir son ami prendre tant de risques :

— Odd… Sérieusement, t'es obligé d'attendre le dernier moment ?

L'intéressé se fend d'un sourire goguenard :

— C'est plus sûr comme ça ! Je sais, c'est pas l'impression que ça donne. Mais fais-moi confiance.

Et la course-poursuite reprend. Odd se déplace si vite que l'œil peut à peine le suivre. Pourtant, les Frelions ne lâchent pas prise. Ils tirent encore et encore. Odd fonce vers un autre arbre… qu'il contourne une nouvelle fois au dernier moment. La tactique est répétitive, mais elle fonctionne : l'un des deux Frelions restants prend le tronc de plein fouet, explose et disparaît comme le premier.

Aelita regarde derrière elle, de moins en moins rassurée.

— T'appelles ça être prudent ? Moi j'appelle ça être complètement dingue !

— Ah, oui pourquoi ? C'est pas la même chose ? répond Odd.

Soudain, un tir laser passe à un centimètre de sa tête, le ramenant brusquement à la réalité. Se retournant, Odd regarde le dernier Frelion qui continue de les mitrailler sans relâche. La technique du slalom ne marche plus. Ce monstre-ci est plus habile que ses camarades. La situation devient vraiment critique. Soudain, un projectile atteint le monstre ailé, qui se désagrège.

Montée sur son overwing, Yumi est venue à la rescousse de ses deux compagnons en éliminant le dernier monstre d'un simple coup d'éventail.

Odd lui sourit.

— Merci, Yumi !

— De rien, très cher !

Sur le sentier de la Forêt, un troisième engin a rejoint ceux d'Odd et Yumi. Ulrich est aux commandes de son overbike. Lui aussi est en difficulté : les deux Frelions qui se trouvent à ses trousses ne le lâchent pas d'un centimètre et lui tirent dessus sans arrêt. Soudain, le jeune garçon bloque les

manettes de sa machine. Sortant lentement son sabre, il se dresse sur ses cale-pieds puis, dans un geste parfait, s'élance dans les airs pour effectuer un kata foudroyant en hypervitesse. Les deux Frelions sont touchés presque en même temps et anéantis par ce coup fatal. Ulrich retombe sur son overbike.

Jeremy – qui, depuis le laboratoire, assiste à la scène sur l'écran de son ordinateur – porte la main à son micro-oreillette. Il observe ses écrans de contrôle. Une fenêtre indique la progression de ses amis, symbolisée par des marqueurs colorés. Il s'énerve.

— Odd et Aelita ?... Vous n'êtes plus qu'à quelques mètres de la tour activée !

— Dommage ! répond Odd, juste quand je commençais à m'amuser !

Un nouveau Frelion pique en direction de l'overboard d'Odd. Il mitraille en saccades avec son dard.

Catastrophe ! L'overboard est touché à l'arrière !

Odd perd le contrôle de son véhicule qui se met à vaciller dangereusement. Odd et Aelita sont déstabilisés sur la machine. Ils sont en grand danger !

— Ah ! Enfin un peu d'action ! dit Aelita.

Odd grimace en disant :

— Désolé, princesse, la ballade est terminée !

L'overboard fonce inexorablement vers un arbre. Il ne reste plus trente-six solutions : juste avant l'impact, Aelita se jette au sol. De son côté, Odd bondit et, tel un félin, atterrit sur le tronc d'un arbre, les griffes plantées dans l'écorce. Les deux amis se rejoignent et repèrent la tour : elle n'est effectivement plus très loin.

C'est alors qu'un bruit leur fait relever la tête. Les Frelions sont là, agitant leurs ailes de plus en plus fort ! Odd et Aelita découvrent avec stupeur que cinq monstres se dirigent droit vers eux.

Odd se tourne vers Aelita.

— Allez, fonce ! Je te couvre !

Aelita se dirige à toute vitesse vers leur but : la tour activée. Odd arme son poignet Flexlaser et tire des séries de fléchettes sur les Frelions. Mais les bestioles ne se laissent pas faire et ripostent. Elles ne sont plus qu'à quelques mètres d'Odd et tirent sans arrêt.

Le combat devient vraiment difficile !

Pendant ce temps, Aelita continue de courir vers la tour. Elle est sur le point de la rejoindre : seul un cours d'eau l'en sépare. Sans ralentir, la jeune fille saute sur des rondins de bois qui font office de pont. À cet instant, elle est stoppée net par une forme immense qui lui bloque le passage. Elle connaît ce

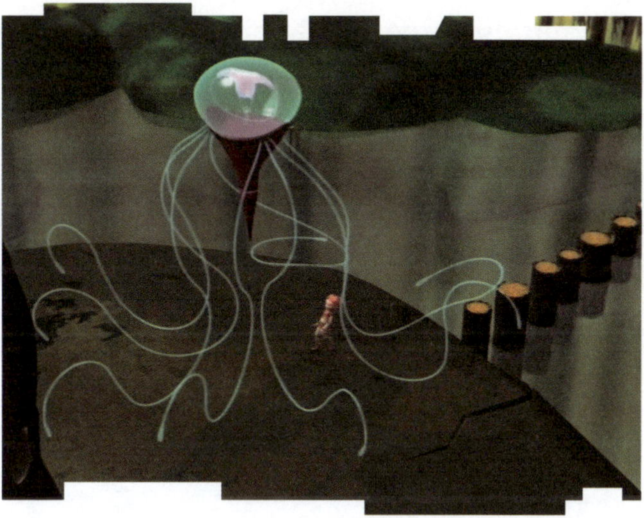

genre d'horreur gélatineuse : une méduse ! Ne sachant que faire, la jeune fille se fige et regarde avec horreur la bête étendre lentement ses longs tentacules bleus translucides.

Elle recule.

Alors qu'elle est sur le point de se faire toucher à la tête par l'un des appendices, Yumi arrive à sa rescousse. Déboulant sur son overwing, elle lance son éventail et tranche net plusieurs tentacules. Surprise, la créature bat aussitôt en retraite. Aelita est hors de danger.

Profitant de la diversion et de l'effet de surprise, elle poursuit sa course vers la tour activée.

De son laboratoire, Jeremy suit la scène à distance :

— Bravo, Yumi, joli coup ! s'exclame-t-il.

Aelita saute vers la tour qui ressemble à un rocher et la traverse. Une fois à l'intérieur, elle prend place sur la plateforme où se trouve l'interface informatique flottante. Concentrée, elle ferme les yeux, pose sa main sur l'écran pour y déposer ses empreintes et tape sans attendre le code « LYOKO ».

— C'est bon, Jeremy, annonce-t-elle. La tour est désactivée…

— Excellent ! Maintenant, je lance le retour vers le passé.

Yumi, qui se trouve toujours sur son overwing dans le Territoire de la Forêt, a l'air très surprise de cette soudaine décision.

— Ah bon ? Mais pourquoi ? X.A.N.A. n'a même pas eu le temps de lancer une attaque sur Terre !

— Peut-être, mais on ne sait jamais, dit Jeremy.

Juché sur son overbike, avec Odd à ses côtés, Ulrich ne cache pas non plus son étonnement. Il intervient à son tour :

— Hum, hum… Excuse-moi, Jeremy, mais je te rappelle que les retours dans le temps renforcent X.A.N.A. !

L'expression de Jeremy se modifie subtilement. Son visage s'est fermé, son regard est devenu noir, son ton se fait sec, presque agressif.

— Je sais ce que je fais, d'accord ?!

— Ouais ben, si tu sais, explique-nous, Einstein !

— Pas le temps !

Aelita, qui se trouve toujours sur la plate-forme de la tour, a l'air complètement désarçonnée par la réaction de Jeremy.

— Jeremy… Ce n'est pas la question !

— Peut-être, mais c'est ma réponse.

La jeune fille n'en croit pas ses oreilles. Jamais son ami ne lui avait parlé ainsi. Pourquoi semble-t-il vouloir couper court à la discussion ? Ulrich et Odd échangent un regard incrédule en haussant les épaules.

— Allez, retour vers le passé !

Le doigt de Jeremy appuie sur la touche Entrée de son clavier d'ordinateur… Aelita recule et voit des briques virtuelles tomber dans le vide ; des briques binaires, comprend-elle, constituées de données pures – un des mystères de Lyoko. Un halo blanc s'échappe de l'usine, l'ensevelissant et recouvrant l'espace autour d'elle. Puis la vapeur s'étend à tout le collège, et l'ensemble disparaît.

2

DRÔLES DE MANIÈRES

Réunis au complet, à l'exception de Jeremy, nos amis sont rassemblés autour du distributeur de boissons dans la cour de récréation. Canette à la main, Ulrich fait part de ses impressions à voix haute :

— Ah, il commence à être pénible, notre Jeremy ! À la moindre remarque, il pète les plombs : une vraie bombe à retardement !

Yumi hausse les épaules.

— Peut-être qu'il a des soucis avec sa famille ?

Odd réfléchit, un doigt sur la bouche. L'air faussement sérieux, il énonce le genre d'hypothèse dont il s'est fait une spécialité :

— Ou alors… il s'est rendu compte qu'il avait une double personnalité et que, les nuits de pleine lune, il devenait le démoniaque docteur Schrank, un savant fou qui s'amuse à greffer des membres d'animaux sur des êtres humains. Désormais, il sait qu'il va devoir affronter ce terrible destin et supporter le poids de cette malédiction !

Yumi et Aelita restent abasourdies. Ulrich regarde Odd d'un air désabusé.

— OK, d'accord, toi t'as encore trop regardé *Horreur aux urgences* !

Odd acquiesce en souriant.

— Qui ne voudrait pas regarder une série aussi géniale ?

Dans un parfait ensemble, Yumi,

Aelita et Ulrich lèvent une main pour répondre à la question.

Soudain, Ulrich tourne la tête.

— Ah, tiens, quand on parle du loup-garou…

Les quatre amis se tournent pour regarder Jeremy approcher. Il a l'air absent, anormalement sombre. Pas un sourire, pas un mot, pas même un regard. Comme si ses amis étaient invisibles.

— Hé, ça boume, Einstein ? demande Odd.

Jeremy ne répond pas et se dirige d'un pas décidé vers le distributeur de boissons.

— Bah alors, t'étais où ? lui demande Aelita.

Jeremy, visage fermé, lui décoche un regard noir.

— Dans ma chambre. Pourquoi ? C'est interdit par la loi ?

Surprise, Yumi prend la défense de son amie.

— Hé oh, calmos, Jeremy! On s'inquiétait, c'est tout !

Mais l'intéressé ne se laisse pas amadouer et reprend de plus belle :

— Je suis grand, maintenant ! Alors on me fiche la paix, compris ?

Alors que Jeremy tourne le dos à ses camarades et se sert une boisson, ces derniers se dévisagent, incrédules. À court d'explications rationnelles, Ulrich se tourne vers Odd. Finalement, la théorie du docteur Shrank n'est peut-être pas si invraisemblable.

— Ah… Eh bien, tu vois ! dit Odd en s'éloignant. Bon… en attendant, moi aussi, je dois affronter un destin pire que la mort…

— Ah bon ? s'étonne Ulrich.

— Oui, un cours de Mme Meyer, répond l'autre en marchant d'un pas décidé, les mains dans les poches.

Vérification quelques minutes plus tard : juchée sur son estrade, Mme Meyer, dos aux élèves, est occupée à dessiner des triangles sur le tableau noir :

— La propriété de Thalès permet de calculer une longueur. Par exemple : on considère le triangle ABC pour lequel les droites RS et BC sont parallèles. Nous allons tout d'abord calculer X, puis SC par hypothèse.

Odd et Ulrich sont assis côte à côte. Odd cache bien son jeu. On pourrait croire, vu de loin, qu'il est en train de prendre studieusement des notes sur son cahier. La vérité est très différente : le jeune garçon s'applique à dessiner un drôle de monstre velu aux oreilles de chauves-souris et aux pattes de canard, directement inspiré par sa série fétiche du moment : *Horreur aux urgences.*

Bien entendu, Mme Meyer ne remarque rien et continue de monologuer :

— ABC est un triangle, R est un point de (AB), N est un point de (AC), comme nous l'avons dit.

Derrière Odd et Ulrich, Jeremy et Aelita sont assis à la même table. Paupières closes, Jeremy se tient la tête entre les mains. Il a l'air complètement plongé dans ses pensées. Son regard est vide, son teint livide. Bref, il est absent et ne semble même pas se rendre compte qu'il est à un cours de mathé-

matiques – pourtant sa matière préférée.

Des images lui traversent l'esprit. Il se voit marchant comme un zombie dans un couloir aux parois blanches. Le sol, le plafond et les murs de chaque côté de lui – tout est immaculé, inquiétant. Le couloir semble sans fond. Des taches noires recouvrent progressivement les parois du couloir. Jeremy continue sa lente progression.

Pendant ce temps, Mme Meyer poursuit son cours :

— … x = 56. SC est égal à 8 – 5,6. Ce qui nous donne 2,4 ; et voilà, c'est somme toute assez simple, n'est-ce pas ?

Mais Jeremy est toujours ailleurs, perdu dans un lieu où personne ne peut l'atteindre. Un lieu où il ne se sent pas bien du tout. N'y tenant plus, il se lève et s'adresse au professeur :

— Madame ?

— Euh, oui, Jeremy, une question ?

— Est-ce que je peux aller à l'infirmerie ? demande-t-il en se tenant la tête entre les mains, les yeux plissés de douleur.

— Mais… oui bien sûr.

Réellement inquiète pour son ami, Aelita lui propose son aide :

— Tu veux que je t'accompagne ?

— Non, lui répond-il d'un ton sec.

La jeune fille reste muette sur sa chaise : l'attitude froide (pour ne pas dire glaciale) de son ami ne lui dit rien qui vaille. Je ne le reconnais plus, songe-t-elle en le suivant des yeux tandis qu'il quitte la salle de cours.

3

INQUIÉTUDES

Au réfectoire, Ulrich, Yumi, Odd et Aelita se sont retrouvés devant le self. Ils garnissent leurs plateaux de plats divers. Bien entendu, la conversation tourne autour de Jeremy.

— Vous vous rendez compte ? Il a séché le cours d'histoire aussi ! fait remarquer Yumi à ses camarades.

Ulrich acquiesce :

— Ouais et la gym ! Et là, il n'est pas au réfectoire…

Comme à son habitude, Odd se croit obligé de rajouter une petite blague, tout en déposant une assiette sur son plateau :

— La gym et le déj', ça peut se comprendre, mais sécher le cours d'histoire, ça, c'est pas trop son style !

Aelita n'y tient plus.

— Il faut que j'aille lui parler ! dit-elle.

Dans sa chambre, Jeremy demeure figé, imperturbable. Installé à son bureau devant son ordinateur, il tape à toute vitesse sur le clavier de sa machine. Sa concentration est totale : le monde pourrait s'écrouler qu'il ne lèverait pas le petit doigt. Sur l'écran, des lignes de calculs et des graphiques en tout genre défilent sans discontinuer. Jeremy agit de manière étonnamment mécanique. À certains moments, on dirait vraiment un robot.

Soudain, il sursaute. Quelqu'un vient de frapper à la porte de sa chambre.

— Ouais ? répond-il en détournant à peine la tête de son écran.

— C'est moi, Jeremy, dit Aelita souriante. (Elle exhibe un classeur). Tiens, je t'ai apporté les cours que tu as manqués ce matin.

— Pose-les sur le lit, répond son ami sans même la regarder.

Et il se remet à taper.

Stupéfaite, Aelita dépose le classeur à l'endroit indiqué. Quand même, se dit-elle, il pourrait me remercier ! Se rapprochant de lui, elle pose une main sur son épaule.

— Jeremy, quelque chose ne va pas ? Si tu as des soucis, tu peux m'en parler, tu sais !

Le jeune garçon fait volte-face. Ses

sourcils froncés trahissent un profond agacement.

— Mais, qu'est-ce que vous avez tous à la fin ? Je n'ai pas de soucis. Je travaille, c'est tout !

Il désigne son ordinateur.

— Je suis à deux doigts de trouver l'antivirus qui te libérera de X.A.N.A.… Ça vaut le coup de bosser, non ?

— Oui, bien sûr, répond Aelita, mais… reconnais que tu te conduis de

façon étrange. Tu devrais penser à te reposer un peu…

Jeremy a du mal à cacher son impatience.

— Ah ouais ? Parce que tu crois que X.A.N.A. se repose, lui ? Qu'est-ce que tu veux, à la fin ? Qu'il te pique ta mémoire ?

Dépitée, Aelita tourne les talons et s'apprête à quitter la chambre. Au dernier moment, pourtant, elle se retourne vers Jeremy. Comment lui dire ? Elle ne veut surtout pas le perdre, mais elle sent bien qu'il n'est plus lui-même.

— J'aimerais tellement t'aider, souffle-t-elle en guise de conclusion.

Ébranlé par cette confession, le jeune garçon paraît retrouver un instant ses esprits. Se levant enfin de sa chaise, il hésite quelques secondes :

— Aelita, il y a quelque chose qu'il faut que je te dise….

Au moment où il s'apprête à tout raconter à son amie, son ordinateur émet un « bip » d'alerte. Le superscan est activé ! Immédiatement, Jeremy reporte son attention sur l'écran, où les chiffres ont fait place au schéma caractéristique du superscan ayant repéré une tour activée.

Quand il se tourne vers Aelita, son ton est de nouveau cassant :

— Ah, tu vois ce que je te disais ? X.A.N.A. ne s'arrête jamais.

4

LES ASSIETTES VOLANTES

Le réfectoire est déjà presque vide. Rosa commence à débarrasser les tables de leurs brocs d'eau, salières et autres ustensiles. Il ne reste plus que Yumi, Ulrich et Odd, assis à la même table. Le changement de comportement de Jeremy leur cause vraiment du souci. Cela ne semble pas couper l'appétit d'Odd, qui finit sa troisième assiette sous le regard impatient d'Ulrich et de

Yumi. À croire qu'il n'a pas mangé depuis dix jours.

— C'est bon, t'as fini ? demande Yumi.

Odd s'apprête à répliquer quelque chose lorsque le téléphone portable de son amie se met à sonner.

À l'autre bout du fil, Jeremy :

— S.O.S. X.A.N.A.

— OK, Jeremy, on arrive tout de suite…

— Faites vite !

Yumi raccroche son téléphone et annonce la nouvelle à ses deux amis. Apparemment, X.A.N.A. a lancé une attaque. Tout le monde est attendu à l'usine !

La jeune fille se lève de table – quand un cri la fige sur place. Rosa s'est tournée vers leur table :

— Hé ! Vous trois, là-bas ! Restez à vos places !

Sa voix est si grave qu'on la croirait venue d'un autre âge. Décontenancés,

Yumi et les autres n'osent plus bouger. Rosa insiste :

— Bon sang, qu'est-ce que je viens de dire ? Vous restez à vos places !

Elle les pointe du doigt en poussant des grognements inquiétants. Ulrich, Odd et Yumi échangent des regards intrigués. Que se passe-t-il ? Encore un changement de comportement inexpliqué… ou juste une bonne crise de nerfs ?

La réponse ne tarde pas. Folle de rage, Rosa attrape une assiette et la

lance vers eux, tel un frisbee. Ulrich et Odd plongent au sol pour l'éviter. Le projectile passe à un centimètre du visage de Yumi. L'assiette se brise derrière elle, contre le mur.

Effarés, Odd et Yumi regardent Rosa tendre sa main gantée de rose au-dessus d'une pile d'assiettes. Incroyable ! La première assiette de la pile vient se coller à sa paume. On pourrait croire qu'elle est aimantée... Sans hésiter, Rosa la projette immédiatement en direction de nos trois amis. Puis elle en prend une troisième. Le bombardement ne s'arrête plus. Les assiettes explosent contre le mur, à toute vitesse. Rosa est entrée dans une rage folle. Les trois camarades se sont réfugiés sous la table. La cantine est en train de se métamorphoser en un véritable champ de bataille.

Odd se tourne vers Yumi.

— J'aurais pas dû lui dire que son hachis avait un air de vomi !

— Ouais, répond la jeune fille, à mon avis, ça, c'est plutôt un coup de X.A.N.A. ! Couvrez-moi, je vais essayer d'aller rejoindre Jeremy et Aelita !

Odd lève un pouce.

— No problemo !

Puis, se tournant vers Ulrich :

— Prêt ? À trois… Allez : un, deux… Trois ! Au signal, Ulrich et Odd se relèvent d'un coup et saisissent chacun une assiette sur la table, avant de la lancer sur Rosa… puis de s'accroupir instantanément. Surprise par cette attaque, Rosa saisit le couvercle d'une marmite et s'en sert comme bouclier. Prise dans le feu de l'action, elle n'a pas le temps de voir Yumi quitter le réfectoire.

Accroupi sous la table, Odd serre les poings.

— Allez, Ulrich, on y retourne ! C'est pas tous les jours qu'on a le droit de casser la vaisselle !

Pendant ce temps, tapi dans son laboratoire, Jeremy s'est installé aux commandes du supercalculateur et scrute ses différents écrans :

— La tour se trouve dans le Territoire de la Montagne !

Devant l'un des caissons de la salle des scanners, Aelita se tient prête :

— Bon, dit-elle, y a plus qu'à attendre que les autres arrivent !

Jeremy commence à s'énerver. Ses amis, justement, mettent trop de temps à son goût. Il marmonne une remarque désagréable au moment où les portes de l'ascenseur s'ouvrent en grand.

Yumi entre en trombe dans la salle ; elle a tout entendu.

— Pour l'instant, les autres font ce qu'ils peuvent ! lance-t-elle. X.A.N.A. a pris possession de Rosa... Je vous laisse imaginer la situation ! En tout cas, on va devoir faire sans eux !

— Bon, dépêche-toi, répond Jeremy. Je lance la virtualisation !

Yumi rejoint un caisson : les portes se referment aussitôt. Aelita l'imite sans tarder.

Jeremy pianote sur ses claviers et annonce :

— Transfert Yumi ! Transfert Aelita !

Le transfert se met en route.

— Scanner Yumi ! Scanner Aelita !

Yumi et Aelita sont transférées sur Lyoko. Jeremy observe ses écrans. Deux fenêtres indiquent que le processus suit son cours.

— Virtualisation !

5

LA FORCE DE L'ESPRIT

Yumi et Aelita apparaissent en lévitation, bras en croix dans le Territoire de la Montagne.

Brusquement, leurs corps chutent vers le sol. Souples comme des chats, elles se réceptionnent et se redressent. Les voici maintenant sur un promontoire rocheux.

Dans son laboratoire, Jeremy inspecte ses écrans de contrôle et fournit ses premières indications aux deux jeunes filles. D'après les infos de son écran, elles doivent se trouver près de la tour.

Yumi hoche la tête.

— Ouais, Jeremy, on la voit, ta tour. Mais il y a aussi une légion de monstres qui bloquent le passage !

Effectivement, entre les deux jeunes filles et la tour au loin, s'est regroupé un imposant barrage de Kankrelats – sortes de petites têtes redoutables.

Jeremy se gratte la tête. D'après ses

souvenirs, les Kankrelats ne sont pas très rapides, mais disposent d'une importante puissance de feu. En outre, ils se déplacent par groupe de cinq, ce qui leur permet de totaliser une cinquantaine de points de vie.

Peu rassurée, Yumi se tourne vers Aelita.

— Je ne sais pas pourquoi, quelque chose me dit que l'on devrait se mettre à l'abri…

Elle a vu juste ! À peine a-t-elle terminé sa phrase que les monstres se mettent à tirer en rafale. Sans hésiter, les deux jeunes filles s'élancent vers un énorme rocher pour essayer de se mettre à couvert.

Sentant la panique affluer, Jeremy scrute ses écrans.

— Aelita ? Yumi ? Tout va bien ?!

— Ça irait beaucoup mieux si tu nous envoyais l'overwing ! réplique Yumi.

Hochant la tête, Jeremy se met aussitôt à entrer des données.

— Entendu, dit-il, ça arrive.

Très vite, ses manipulations informatiques portent leurs fruits. Sur l'écran de contrôle, le véhicule de Yumi apparaît. Soudain, l'interface téléphonique d'Odd s'affiche elle aussi sur l'écran.

— Jeremy ? Comment ça va de votre côté ?

Toujours recroquevillé sous une table aux côtés de son complice, Odd se protège tant bien que mal des attaques de Rosa, plus furieuse que jamais, lançant à présent tout ce qui passe entre ses mains. Tant bien que mal, il garde son portable à l'oreille.

— Je demande ça, dit Odd, qui n'a pas perdu son sens de l'humour, parce qu'ici, on commence à manquer de munitions !

Dans le réfectoire, la situation vire carrément au cauchemar : Rosa ne se contrôle plus. Elle soulève un chariot, le hisse derrière sa tête et se prépare à le lancer. Du regard, Ulrich cherche un objet pour se défendre ; il ne trouve qu'une petite cuillère. Rosa réduit à néant le projectile.

— Faudrait vraiment vous grouiller ! reprend Odd. Je te rappelle que les spécialités de Rosa, c'est la ratatouille et le hachis parmentier !

Jeremy réprime une grimace. Les dents serrées, il contacte les premières concernées et, en quelques mots, leur expose la situation.

— Les filles, déclare-t-il en matière de conclusion, faut vous dépêcher, ça a l'air de chauffer pour Odd et Ulrich !

Sur l'écran qui lui fait face, l'overwing a terminé de se matérialiser. Jeremy appuie sur la touche Entrée.

Le transfert est lancé.

Bientôt, l'overwing apparaît devant

Aelita et Yumi. Le problème, c'est que les Kankrelats continuent de tirer sur le rocher derrière lequel elles se sont réfugiées.

Tapie derrière le rocher, Aelita prend son courage à deux mains et risque un œil sur la légion de monstres qui fait barrage.

— On n'arrivera jamais à passer.

Yumi se tourne vers elle, le visage décidé.

— C'est pas dit ; j'ai ma petite idée.

— Petite ou grande, on s'en fiche… du moment qu'elle est bonne…

Yumi se tourne vers le rocher qui la protège du tir des créatures, puis se concentre de toutes ses forces. Bientôt, elle arrive à activer un pouvoir de télékinésie, capable de l'aider à déplacer des objets à distance. Par la seule force de sa pensée, elle parvient à ébranler le rocher de son socle.

Sa concentration s'intensifie. Peu à peu, le rocher se déloge de son empla-

cement. Arrivée au maximum de son pouvoir, Yumi fait un geste vers l'avant et le commande par la pensée. Telle une boule de bowling, le rocher jaillit et roule tout droit vers les monstres. Quand les créatures comprennent ce qui les menace, il est déjà trop tard : le rocher les disperse avec violence, ouvrant une tranchée jusqu'à la tour. Yumi et Aelita profitent de la diversion pour sauter sur l'overwing.

Yumi démarre... et fonce dans la brèche.

Accroupi derrière une table à la renverse, Ulrich se redresse et voit Rosa marcher droit sur eux, plus menaçante que jamais.

— Oh c'est pas vrai ! Elle arrive ! dit-il en se rabaissant.

Odd regarde dans la même direction et avale sa salive. Il se passe ici des choses absolument anormales.

— Tu sais quoi ? glisse-t-il à son complice. Maintenant, je sais ce que ressent Titi face à Gros Minet !

Il saisit son portable à pleine main.

— Jeremy, qu'est-ce que vous fichez, bon sang ? Ça urge, là !

Arrivées à proximité de la tour, Aelita saute au bas de l'overwing et entre sans attendre.

— Aelita est dans la tour ! annonce Jeremy.

— Qu'ils essayent de tenir trente secondes ! supplie l'intéressée.

Elle ne sait pas que, au même moment, Rosa est en train de projeter un chariot sur les deux jeunes garçons, les manquant d'un rien. La table sous laquelle ils s'étaient abrités se brise en mille morceaux. Odd se mord les lèvres. Trente secondes ? Mais ils seront morts, dans trente secondes !

Sans trembler, Aelita tape le dernier « O » de « LYOKO » sur l'interface informatique flottante.

Au même moment, le sigle de X.A.N.A. apparaît dans le regard de Rosa. De toute évidence, elle est complètement hypnotisée ! D'un coup, elle s'écroule au sol et perd connaissance.

Sonnés, Odd et Ulrich la regardent. Après quoi, ils se tournent vers le réfectoire dévasté. Inspirant un grand coup, Odd reprend son portable.

— Jeremy ! Ce coup-ci, je crois que le retour vers le passé s'impose…

— Super ! répond l'autre en pianotant sur son clavier pour entrer des données nouvelles. Je lance ça tout de suite. Attention, retour vers le passé !

Appuyant sur la touche Entrée de son ordinateur, il se renverse sur son siège. De nouveau, un halo blanc s'échappe de l'usine.

Comme dans un rêve, il s'étend à tout le collège.

6

RÉVEILLE-TOI !

Dans la cour du collège, la bande est réunie autour du distributeur de boissons. Encore une fois, Jeremy manque à l'appel.

Ulrich soupire.

— Qu'est-ce qu'il fabrique ? Il devrait déjà être là !

— On va voir dans sa chambre ? propose Aelita.

Les autres hochent la tête. La petite troupe se dirige en silence vers la chambre de Jeremy. Aelita frappe à la porte. Aucune réponse. Le cœur battant, elle ouvre. Et se fige, saisie par ce qu'elle découvre.

— Jeremy ! s'exclame-t-elle.

Le jeune garçon est étendu sur le sol, inconscient. Vite ! Le temps de lui tapoter – en vain – les joues, puis d'appeler les secours, et voilà Jeremy transporté d'urgence à l'infirmerie. Profondément endormi, il n'a pas conscience du monde qui s'agite autour de lui.

Odd et Aelita, penchés sur son lit, le secouent gentiment. Odd tente de la jouer marrant :

— Jeremy, réveille-toi ! C'est la cata ! Aelita est tombée amoureuse d'Hervé !

Aucune réaction.

Dépité, le jeune garçon se tourne vers l'infirmière. Là, franchement, la situation est grave !

L'infirmière hoche la tête.

— D'accord, dit-elle, je vais appeler l'hôpital.

Aelita, qui ne prend pas part à la conversation, continue de fixer Jeremy avec scepticisme. Soudain, elle désigne le visage de son ami.

— Regardez ! Est-ce qu'on ne dirait pas que ses paupières sont en train de bouger ?

L'infirmière approuve. Effectivement, le jeune garçon semble plongé dans un rêve intense.

En vérité, Jeremy ne rêve pas. Son inconscient se trouve toujours au même endroit : dans ce long tunnel sans fin, particulièrement inquiétant. Il s'imagine à nouveau errant dans ce souterrain obscur.

Et il a l'air encore plus affolé que la dernière fois. Autour de lui, le couloir s'assombrit de plus en plus, se rétrécit, se referme. L'obscurité gagne les parois à toute vitesse. Jeremy s'élance, court aussi vite qu'il le peut pour échapper aux ombres qui le poursui-

vent. Mais rien n'arrête leur progression. Le jeune garçon sent la panique le gagner.

Quand Aelita et Odd sortent de l'infirmerie, leur mine est plus angoissée que jamais. Ulrich et Yumi les attendent dans le couloir. La discussion tourne encore et toujours autour du même sujet. Ulrich a beau retourner le problème dans tous les sens, il ne comprend pas ce qui a pu arriver à son ami. Aelita émet une hypothèse : et si quelque chose avait mal tourné pendant le dernier retour vers le passé ?

— X.A.N.A. ? interroge Yumi.

— J'en sais rien, répond Aelita. Mais ça vaudrait la peine d'inspecter le supercalculateur !

Odd acquiesce et propose de l'accompagner.

Yumi se tourne vers Ulrich.

— Qu'est-ce qu'on fait, nous, pendant ce temps ? On fouille sa chambre ?!

Ulrich se contente de hocher la tête. Il n'est pas fan de ce genre de procédé mais il semble qu'il n'ait pas le choix.

7

RÉVÉLATIONS

Debout devant le placard ouvert de la chambre de Jeremy, Ulrich s'active à la recherche d'un indice pouvant les mettre sur la piste. Il soupire. Décidément, rien de spécial là-dedans. Le seul truc qu'il a découvert pour l'instant, c'est que Jeremy portait encore des slips kangourou.

— Va falloir lui dire de passer aux

caleçons ! conclut-il en refermant un tiroir.

De son côté, Yumi est assise devant l'ordinateur de Jeremy et pianote à toute vitesse. Elle aussi est à la recherche d'informations. Tout ce qui pourrait les aider à comprendre l'état dans lequel se trouve Jeremy est bon à prendre. La jeune fille secoue la tête.

— Je n'ai pas trouvé de tour activée. Mais il y a des tas de fichiers et… Ah, mince : celui-là, je n'arrive pas à l'ouvrir !

Yumi clique de nouveau et fronce les sourcils.

— Oh, oh ! Accès réservé. Et tu sais comment s'appelle ce fichier ? « Mon journal » !

Au même moment, au laboratoire, Aelita est assise à la place occupée habituellement par Jeremy.

Équipée du micro-oreillette de son ami, elle inspecte les écrans.

— Les logs sont normaux. Il y a bien

eu une importante décharge d'énergie lors du dernier retour dans le passé mais…

D'une pression, la jeune fille fait apparaître une demi-douzaine de diagrammes rigoureusement identiques sur les écrans.

— … cette décharge n'est pas différente de celle de tous les autres retours…

Soudain, l'interface téléphonique d'Ulrich s'affiche devant elle.

Aelita porte la main au micro-oreillette.

— Ulrich ?

— On a besoin de toi ! Vous nous rejoignez chez Jeremy ?

La jeune fille hoche la tête :

— On arrive…

Quelques minutes plus tard, dans la chambre de Jeremy, Aelita est installée devant l'ordinateur. Ses compétences en informatique surpassent largement celles de ces amis – et ils s'en rendent compte très vite. Au bout de quelques minutes, la jeune fille est prête à appuyer sur la touche Entrée. Silence de mort dans la chambre… Avec un petit clic, le dossier « Mon journal » est sur le point de s'ouvrir… Ou pas ? Derrière elle, Ulrich, Odd et Yumi patientent en se rongeant les ongles.

— Et… voi… là ! conclut la jeune fille. C'était pas évident, mais on y est !

Sur l'écran de l'ordinateur, une fenêtre se déploie enfin avec un bruit caractéristique. Une multitude de dossiers surgissent, impeccablement rangés sur l'écran. Aelita se penche. Pour elle, la nature de ces documents ne fait aucun doute : ce sont des fichiers vidéo.

— Ouvre le premier, pour voir ! propose Yumi.

Aelita place le curseur sur le premier dossier et double-clique pour exécuter l'ouverture. Le fichier s'ouvre instantanément et une image vidéo apparaît sur l'écran. Surprise !

Jeremy apparaît et commence à parler, probablement face à sa webcam. Les amis attentifs écoutent le message.

— Aujourd'hui, j'ai décidé de commencer un journal vidéo. Un peu à l'image de celui de Franz Hopper. De cette façon si quelque chose m'arrivait, d'autres pourront peut-être continuer mes recherches...

Yumi, Aelita, Odd et Ulrich échangent un regard surpris, avant de fixer à nouveau l'écran. Jeremy continue son monologue :

— Mes travaux pour trouver l'antivirus qui permettra peut être de libérer Aelita de X.A.N.A. n'ont jamais été aussi proches d'aboutir. Cela, je le dois évidemment au journal de Franz Hopper...

Nouvelles expressions sceptiques de Yumi et des autres. Mais de quoi parle-t-il ?

— Grâce à des données récupérées sur le cinquième Territoire, poursuit leur ami, j'ai réussi à décrypter une partie du journal de Franz Hopper qui explique comment utiliser les retours dans le temps pour décupler ses facultés de réflexion.

Yumi et les autres accusent le coup, sidérés.

— Bien sûr, j'ai aussitôt essayé. C'est étonnant, c'est comme si soudain mon cerveau avait la capacité de calcul de dix ordinateurs, branchés en série…

Abasourdie, Aelita remue à peine les lèvres. Est-ce que Jeremy aurait utilisé… un casque neuronal ?

N'y tenant plus, Yumi la presse avec ardeur.

— Ouvre le fichier le plus récent !

Aelita s'exécute.

— Il date d'hier !

Une nouvelle image de Jeremy surgit à l'écran. Il a l'air beaucoup plus épuisé que dans le document précédent. Ses traits sont tirés, sa mine pâle, sa voix plus faible. Son regard est fatigué. Et surtout, il porte un casque sur la tête. Aelita déglutit. C'est comme si ses pires prédictions prenaient corps.

— À chaque utilisation du casque, mon état mental et physique se dégrade. Mais j'avance tellement plus vite dans mes recherches… que je ne peux pas arrêter, alors que je suis si près du but…

L'image s'éteint. Atterrés, nos héros continuent de fixer l'écran.

— Oh non ! Il ne manquait plus que ça ! s'exclame Ulrich.

Aelita ferme les yeux. Comment faire pour sauver Jeremy maintenant ? Odd se dirige déjà vers la porte, prêt à agir.

— Allez ! On va à l'usine !

— Je vous rejoins ! dit Yumi. Mais

d'abord, il faut que je passe à l'infirmerie. Je veux vérifier que l'attaque de X.A.N.A. ne vise pas Jeremy !

8

Y A-T-IL UN PILOTE DANS L'AMBULANCE ?

Garée à l'extérieur de l'infirmerie, une ambulance est stationnée, prête à accueillir Jeremy. Le proviseur et l'infirmière, consternés par l'accident qui a frappé un de leurs élèves, se tiennent dans la cour derrière le véhicule.

Toujours inconscient, Jeremy arrive, allongé sur une civière. Un brancardier le rentre à l'arrière de l'ambulance, puis referme soigneusement les portes et rejoint les autres. Le proviseur, hébété, finit par se secouer.

— Suivez-moi, dit-il au brancardier. Il y a des papiers à signer.

Au même moment, sans que personne ne remarque quoi que ce soit, un spectre de X.A.N.A. glisse sur la portière de l'ambulance et s'infiltre par la serrure. Immédiatement, telle une fumée, il se dirige vers les commandes de conduite et se glisse insidieusement dans la serrure de démarrage.

Le contact se fait comme par magie.

Le moteur se met en route.

Les diodes s'allument sur le tableau de bord.

L'ambulance démarre sans personne

au volant. L'infirmière, le proviseur et le brancardier, ahuris, regardent le véhicule s'éloigner.

Au même moment, Yumi arrive aux abords de l'infirmerie. Elle s'arrête, elle aussi. Le brancardier est le premier à reprendre ses esprits.

— Hé ! Mon ambulance… ! s'affole-t-il.

Le spectre de X.A.N.A. a pris les commandes du véhicule. La pédale d'embrayage s'enfonce sans la moindre pression, la vitesse de démarrage se passe toute seule et la pédale d'accélérateur est appuyée à son tour. Yumi se tourne vers l'infirmière.

— Ne me dites pas que Jeremy se trouve là-dedans.

— Eh bien, en fait…, répond l'infirmière complètement dépassée, si ! Mais la bonne nouvelle, c'est que ce n'est pas lui qui conduit !

Sans attendre, Yumi cherche des yeux une solution. Elle repère un vélo posé contre un mur et se rue vers lui, malgré les protestations de l'infirmière.

S'il faut compter sur les adultes pour régler ce genre de situations, on y sera encore dans dix ans !

Pédalant à fond, la jeune fille se lance à la poursuite de l'ambulance.

Tenant son guidon d'une main, en équilibre précaire, elle parvient tant bien que mal à allumer son portable. Tout cela commence à ressembler à un numéro de cirque. Enfin, quelqu'un décroche.

— Aelita ? X.A.N.A. a pris le contrôle de l'ambulance de Jeremy ! Je vais tenter quelque chose mais vous savez quoi ? C'est surtout sur vous que je compte !

Figée devant les écrans de contrôle, Aelita contemple l'interface téléphonique de son amie.

— D'accord. On va faire au plus vite, c'est promis.

De nouveau, elle pianote sur son clavier. L'interface téléphonique de Yumi s'évanouit, laissant place à celle de la procédure de virtualisation. Aelita demande confirmation à Odd et Ulrich :

— Les garçons ? Vous êtes en place ?

Ulrich et Odd se tiennent devant les caissons de transfert.

— Oui, c'est bon ! dit Odd.

— Je suis prêt ! affirme Ulrich à son tour.

Aelita saisit une série de données et tape Entrée. Sur l'interface de la procédure de virtualisation, un compte à rebours commence à s'égrener.

— Virtualisation dans moins d'une minute ! annonce Aelita. Je viens vous rejoindre !

À toute vitesse, elle ôte son micro-oreillette et se lève pour quitter le laboratoire. Puis court s'installer elle aussi dans un caisson de transfert.

La procédure se déroule sans encombre. Sur le Territoire de la Banquise – un horizon bleu glacé – Ulrich, Aelita et Odd apparaissent au-dessus de la plaine immense.

Dans un bel ensemble, ils chutent au sol et se rétablissent avec souplesse. Aelita plisse les yeux et pointe immédiatement une direction du doigt :

— La tour est par là ! Regardez !

Ulrich et Odd se tournent et distinguent, à l'horizon, le halo rouge de la tour activée.

— Désolée, précise Aelita à leurs côtés. Je n'ai pas su matérialiser vos véhicules… Les garçons, il va falloir courir.

Aussitôt dit, aussitôt fait : et nos trois héros de s'élancer sur la glace en direction de la tour.

Pendant ce temps, pédalant vigou-

reusement, Yumi réussit presque à rattraper l'ambulance. Le véhicule, qui est sorti du collège Kadic par le portail ouvert, s'engage à toute allure dans une rue.

Yumi redouble d'efforts. Arrivée à la hauteur du véhicule, elle distingue brièvement Jeremy, allongé sur son brancard. Poursuivant son dangereux numéro d'équilibriste, elle parvient même à frapper à la vitre. Mais Jeremy ne réagit pas : il est toujours plongé dans sa torpeur.

Brinquebalé par les mouvements brusques de l'ambulance, le jeune garçon n'est pourtant pas mentalement inactif.

Ses paupières palpitent comme jamais.

Dans sa représentation mentale, les murs autour de lui se couvrent d'ombres noires, comme le sol sous ses pieds. Jeremy ne peut plus distinguer que le bout du tunnel éblouissant. Il court de toutes ses forces vers cette lumière alors que tout s'assombrit autour de lui.

Yumi tente de réveiller son ami en hurlant son nom à travers la vitre :

— Jeremy !

L'ambulance s'engage dans un dédale de virages et s'apprête à descendre une rue vertigineuse.

Yumi repère un escalier sur sa gauche, qui coupe la pente en deux : un formidable raccourci ! Particulièrement dangereux, aussi. Serrant les dents, elle s'engage pourtant. Les roues du vélo rebondissent durement sur les marches de l'escalier.

La jeune fille est secouée, mais parvient à peine à garder les mains sur le guidon.

L'ambulance poursuit sa descente infernale. Yumi atteint les dernières marches de l'escalier et débouche sur la route... directement devant l'ambulance.

Elle a juste le temps de faire une embardée sur le côté pour éviter de se faire écraser. Ça y est ! Maintenant, elle se retrouve sur le côté, à la même hauteur que le véhicule. Mais l'ambulance prend encore de la vitesse et s'apprête à la doubler encore. Se rendant compte qu'elle va bientôt être définitivement distancée, Yumi prend une profonde inspiration et tente d'attraper la poignée de la portière latérale.

Gagné ! Elle s'y accroche de toutes ses forces et, dans un ultime effort, fait coulisser la portière pour l'ouvrir en grand. Elle saute de son vélo, qui part aussitôt dans le décor. Tant bien que mal, elle réussit à se maintenir en équi-

libre, les mains serrées sur la poignée de la porte, puis se projette à l'intérieur de l'habitacle et le referme aussitôt. Elle se trouve maintenant à côté de son ami, toujours dans le coma.

— Jeremy ! Réveille-toi !

Les paupières de Jeremy ne cessent de frémir.

9

LE RETOUR

Dans son couloir, Jeremy court toujours. Les parois sont maintenant totalement recouvertes de la sinistre ombre noire qui n'a cessé de s'étendre. Il ne reste plus que cette lumière au bout. Jeremy ralentit sa course. Il vient d'entendre quelque chose. Sans un bruit, comme un souffle, il glisse vers la lueur blanche. Il perçoit une voix : de plus en plus nette, de plus en plus insistante.

— Jeremy… Jeremy… !

Se fondant dans la lumière, il sort enfin du tunnel et ouvre les yeux. D'abord troublée, sa vision se précise peu à peu. Abasourdi, il voit se dessiner devant lui un visage connu.

— Yumi… Mais qu'est-ce qui se passe… ? demande-t-il d'une voix faible.

Yumi lui sourit tendrement. Elle est penchée au-dessus de son lit.

— Oh, dit-elle, secrètement ravie, rien de spécial… Un gros tas de problèmes… La routine, quoi !

Elle se tourne vers la porte coulissante de l'ambulance.

— Avant tout, il faut sortir de là !

Elle ouvre la porte. Jeremy se redresse et comprend que le véhicule ne possède pas de chauffeur. Il a une idée : et si on arrêtait l'ambulance avant de sauter ?

Yumi hoche la tête. Bien sûr, elle y avait déjà pensé. Mais comment stopper X.A.N.A. ?

L'ambulance poursuit sa course effrénée et prend un brusque virage, qui projette Yumi contre la paroi. Se redressant, les deux amis regardent par la fenêtre qui sépare l'habitacle de l'espace conducteur et découvrent avec effroi la direction vers laquelle ils se précipitent. Yumi est carrément paniquée.

— On fonce droit vers le fleuve !

Pendant ce temps, sur le Territoire de la Banquise, Aelita, Odd et Ulrich courent en direction de la tour activée située au bord d'un lac gelé. Il faut faire vite. La voie paraît libre…

Sauf que…

Sauf que les choses ne sont pas aussi simples… Ulrich et les autres s'arrêtent net quand apparaissent devant eux six énormes Tarentules rugissantes qui leur barrent le passage.

Dépité, Odd se tourne vers ses deux amis.

— Ça, je l'aurais parié. Bon, et maintenant, on fait quoi ?

Dans le regard d'Ulrich brille une ferme détermination.

— J'ai ma petite idée.

Odd le gratifie d'un sourire enthousiaste.

— Voilà exactement ce que je voulais entendre !

Mâchoires serrées, Ulrich sort son sabre. Il commence par exécuter quelques moulinets comme pour se mettre en forme puis, d'un coup, plante

la lame dans la glace avec une force stupéfiante.

La glace commence à se fendiller.

Odd sourit.

— Oh, j'ai pigé !

Armant sans attendre son poignet, il lance des fléchettes en rafales pour soutenir l'action de son ami. Les pointes viennent se planter dans la glace, formant une sorte de ligne en pointillés qui prédécoupe la masse gelée.

Très vite, la glace commence à se

fendre, suivant ainsi la ligne formée – puis se divise en deux blocs. Nos héros échangent un bref regard complice, puis sont obligés de sauter sur le côté pour éviter d'être séparés et de tomber dans le vide numérique se trouvant sous les plaques de glace.

Surprise, une première Tarentule perd l'équilibre et bascule dans une faille. Puis une seconde et une troisième.

Les trois derniers monstres se trouvent pris au piège, chacun isolé sur un petit îlot de glace flottant à la dérive sur le lac. Mais ils ne sont pas encore vaincus…

10

RIEN NE VA PLUS

L'ambulance fonce toujours dans la rue déserte. De toutes ses forces, Yumi frappe du poing sur la vitre qui les sépare de la partie conducteur. En vain. Soudain, les yeux de Jeremy s'illuminent. Saisissant une bouteille d'oxygène, il la jette contre la vitre. La glace éclate en mille morceaux. La voie est libre ! Yumi saute sur le siège conducteur, boucle sa ceinture de sécurité et saisit le volant. Elle appuie frénétiquement sur la pédale de frein. La commande ne répond pas !

— Allez ! Allez, freine, arrête-toi ! hurle-t-elle à l'ambulance.

Mais rien n'y fait. Les freins ne réagissent plus. Par le pare-brise de l'ambulance, les deux amis horrifiés voient le fleuve se rapprocher à grande vitesse.

— Trop tard…

Dans un crissement infernal, le véhicule percute la rambarde de sécurité, qui se brise net et s'envole vers le fleuve. L'ambulance suit le même chemin. Un temps suspendue dans les airs, elle plonge dans les eaux sombres, soulevant d'énormes gerbes d'écume.

Tourbillonnant un instant à la surface, elle finit par s'enfoncer.

Yumi et Jeremy, terrifiés, se serrent l'un contre l'autre. Pour l'instant, l'eau ne pénètre pas à l'intérieur. Mais ça ne saurait tarder. Combien de temps leur reste-t-il ?

L'ambulance finit de couler à pic et se pose au fond du fleuve. Yumi s'empare de son téléphone portable et se tourne vers Jeremy.

— Là, il faut vraiment que les autres s'activent !

Les autres ? Mais eux aussi se trouvent en très mauvaise posture. Le lac gelé est maintenant couvert d'un chapelet de blocs de glaces flottants, isolés les uns des autres. Nos trois amis se retrouvent ensemble sur l'un d'eux.

Il ne reste plus que trois Tarentules ; chacune est juchée sur son bloc de glace, face à Ulrich, Odd et Aelita. La tour activée se trouve juste derrière. Si proches du but....

Soudain, sans sommation, une Tarentule tire vers Ulrich qui ne peut éviter le laser et se dématérialise immédiatement.

Odd fronce les sourcils.

— Alors là, ça, c'est pas cool du tout !

Prenant garde de ne pas tomber dans le vide numérique, le jeune garçon prend son élan et bondit tel un félin sur la parcelle de glace où se trouve l'agresseur d'Ulrich.

Aelita regarde devant elle, inquiète.

— Attention !

Odd décoche une fléchette qui déstabilise la Tarentule et l'entraîne dans une chute irrémédiable. Lui-même a du mal à maintenir son équilibre et à ne pas basculer. Utilisant ses griffes, il se retient à la paroi de glace. Puis il saute, pour ne pas tomber à son tour dans le vide… et se rétablit avec agilité sur une minuscule parcelle, vierge cette fois de tout monstre.

Ulrich se rematérialise dans l'un des caissons de la salle des scanners. La voix de Yumi résonne dans le labo.

— Ulrich ! Odd ! Aelita ! Vous êtes là ?

Les portes du labo s'ouvrent en grand. Ulrich se précipite vers les écrans, installe le micro-oreillette et s'assoit à la place habituelle de Jeremy.

Il inspecte l'interface téléphonique de Yumi sur l'un des écrans.

— Yumi ? C'est Ulrich. Ça va ?

— Très franchement ? Non, répond Yumi, paniquée.

Toujours en équilibre instable, Odd scrute la tour activée. Il se tient maintenant sur un bloc de glace minuscule, perdu comme un phare en pleine mer.

— Le problème, souffle-t-il, ça va être d'atteindre cette satanée tour…

— Non, le problème, ça va être de l'atteindre vite ! réplique Ulrich dans son écouteur. Yumi et Jeremy sont coincés au fond de la rivière dans une ambulance !

Odd ne répond pas. Il se retourne, pour voir un bloc de glace s'approcher de lui, et une Tarentule lui faire face. La tension monte. Odd se tient prêt. Il n'a pas tort !

Un premier tir le manque de peu. Immédiatement, le jeune garçon active son bouclier et réplique en projetant ses flèches laser sur la créature… Mais celle-ci ne cède pas.

— Odd ! Laisse-moi faire !

Sur un autre bloc de glace, Aelita lui adresse de longs signes. Les tirs ont cessé. Fermant les yeux, la jeune fille joint ses mains et entre en concentration. Par la simple force de son esprit, elle parvient à créer un pont de glace devant elle – pont qui va lui permettre de rejoindre la tour en passant au-dessus du vide et de la Tarentule.

Odd ne peut s'empêcher d'admirer le travail.

— Oh oui, joli !

Mais ce moment d'inattention lui coûte très cher : en l'espace d'une demi-seconde, la Tarentule le vise et tire.

Touché, Odd disparaît.

Aelita est maintenant seule sur le Territoire de la banquise en compagnie de bestioles dont elle se passerait aisément... Et le temps lui manque, terriblement. Sans hésiter, elle s'élance sur le pont, prête à tout pour rejoindre la tour.

La Tarentule, hélas, n'a pas l'intention de la laisser filer : elle la bombarde de tirs. Surprise, Aelita perd l'équilibre et tombe en arrière. Basculant sur le dos, elle glisse sur l'arche de glace comme sur un toboggan, évitant ainsi les tirs de la Tarentule, qui continue de tirer sans répit.

Enfin, elle atteint la tour et y pénètre, puis s'élève vers la plate-forme sur laquelle se trouve l'interface informatique flottante.

Stabilisée, elle tape sans attendre le code LYOKO.

Mais n'est-il pas déjà trop tard ?

Jeremy et Yumi sont recroquevillés au fond de l'habitacle.

L'eau commence à s'infiltrer sous les portes et à envahir progressivement l'ambulance. La situation est désespérée.

Prostré devant les écrans de contrôle, Ulrich voit soudain la tour activée passer du rouge au bleu.

Il sourit et annonce la nouvelle à Yumi. Celle-ci n'a pas l'air de partager son enthousiasme. Il faut la comprendre : elle et Jeremy sont en train de se noyer ! Saisissant la gravité de la situation, Ulrich blêmit.

Le téléphone portable collé à l'oreille, la jeune fille regarde l'eau monter de plus en plus vite. Elle leur arrive maintenant aux genoux.

— Ulrich, je crois qu'on est fichus. La seule chose qui puisse nous sauver c'est le retour vers le passé...

Ulrich porte la main à son micro-oreillette. Lui, le retour dans le passé, il en est partisan à cent pour cent. Le problème, c'est qu'il ne sait pas du tout comment on procède.

Jeremy tend la main vers Yumi.

— Donne-moi ça !

Elle lui passe le portable.

— Ulrich, écoute-moi ! Tu vas faire très exactement tout ce que je te dis !

Le niveau de l'eau atteint maintenant la poitrine des naufragés. S'efforçant de ne pas céder à la panique, Ulrich tape sur le clavier les instructions que lui communique Jeremy par téléphone. Il ne comprend pas ce qu'il fait, mais est-ce très important ?

— Oui… Oui, d'accord… Attends, pas si vite… Et il est où, ton bouton… ? Je ne le vois pas…

Yumi et Jeremy ont maintenant de l'eau jusqu'au menton. La situation est devenue désespérée !

— Ulrich, plus vite ! s'exclame Yumi.

— En haut, à droite du clavier ! dit

Jeremy à Ulrich. La touche du « saut » dans *Ultimate Blaster* !

Le visage d'Ulrich s'éclaire. Il appuie sur la touche correspondante.

— Oh, d'accord, je l'ai ! Bon, on y va, retour vers le passé.

Soulagé, Ulrich appuie sur Entrée et jette un œil aux écrans. Bon sang ! Rien ne se passe !

Yumi et Jeremy, fixant le plafond de l'ambulance, n'ont quasiment plus d'espace pour respirer. L'espoir semble les quitter quand, soudain, les écrans se mettent à clignoter devant Ulrich. Enfin, la manœuvre a réussi !

— Retour dans le passé...

Le halo blanc habituel sort de l'usine, emplit l'espace puis gagne le collège. Le même flash lumineux envahit l'habitacle de l'ambulance où Jeremy et Yumi ont cessé de respirer, tête complètement sous l'eau.

11

TOUT ÇA POUR ÇA

Une nouvelle fois, nos héros se retrouvent devant le distributeur de boissons. Une nouvelle fois, ils semblent attendre Jeremy.

Perplexe, Ulrich consulte sa montre.

— Ne me dites pas qu'il est encore dans les pommes !

Après une seconde de réflexion, Ulrich et les autres préfèrent se rendre sans attendre dans la chambre de leur ami. Aelita frappe à la porte. Pas de réponse. Il faut entrer.

La vision qui attend la jeune fille et ses amis les pétrifie sur place.

Jeremy est en train de piétiner rageusement son casque neuronal. Il le broie en mille morceaux, s'acharnant à coups de talon. Stupéfaits, les autres le regardent faire.

Jeremy se tourne vers eux :

— Ben quoi ? Ne me regardez pas comme si j'étais cinglé ! J'ai vérifié tous les calculs que j'ai faits ces dernières semaines et vous savez quoi ? La plupart sont faux !

Odd prend une mine goguenarde :

— Alors comme ça… tu t'esquintais la santé sans accroître tes capacités de réflexion !? C'est pas génial comme rendement !

— Tu crois que X.A.N.A. y est pour quelque chose ? demande Yumi.

Jeremy soupire.

— Il m'a certainement mis sur la

voie… La mauvaise, je veux dire. Cela dit, les informations provenaient bien du journal de Franz Hopper !

— En gros, tu veux nous dire qu'on n'a plus un, mais deux ennemis ? demande Ulrich.

Jeremy réfléchit :

— Hum, non : Franz Hopper n'est pas un ennemi… Mais ses découvertes nous dépassent ! Je crois qu'il va falloir être très prudent…

Heureuse, Aelita regarde Jeremy droit dans les yeux.

— En tout cas, pour le moment, ce qui compte, c'est que tu sois redevenu toi-même !

Odd ne peut s'empêcher de faire de l'humour :

— C'est vrai ça ! À force d'être grognon, tu commençais à ressembler au docteur Schrank ! Ou même pire encore… à Ulrich !

Agacé, Ulrich se tourne vers Odd avec un air mécontent.

— N'importe quoi. Je ne suis pas grognon !

Le jeune garçon se fige et réalise qu'il vient de démontrer exactement le contraire. Sur les visages de ses amis, des sourires moqueurs s'élargissent. Tout finit dans un grand éclat de rire.

— Non, non, c'est sûr !

À son tour, Ulrich ne peut s'empêcher de sourire. Une première !

FIN

Quel piège de X.A.N.A. Jeremy et ses amis devront-ils encore éviter ?

Pour le savoir, regarde vite la page suivante !

VITE ! UNE NOUVELLE TOUR DOIT ÊTRE DÉSACTIVÉE !

DANS ULTIMATUM
LE 8e VOLUME DE LA SÉRIE CODE LYOKO

Aelita est une nouvelle fois menacée par X.A.N.A. ! Le virus a pris le contrôle du Proviseur de Kadic et a kidnappé Odd et Yumi. X.A.N.A. pose un ultimatum : si Aelita ne retourne pas sur Lyoko dans les deux heures, les otages seront sacrifiés ! Jeremy décide d'utiliser sa bombe EMP pour sauver ses amis des griffes du Proviseur. Mais sur Terre, la Police se mêle aussi à cette sombre affaire...

LES AS-TU TOUS LUS ?

RETROUVE TOUTE L'AVENTURE CYBERNÉTIQUE D'ODD, YUMI ET ULRICH DANS LES HISTOIRES PRÉCÉDENTES.

Code Lyoko 1 : Clap de fin

Code Lyoko 2 : Gravité zéro

Code Lyoko 3 : Code Terre

Code Lyoko 4 : Faux départ

Code Lyoko 5 : Nouvelle donne

Code Lyoko 6 : Terre inconnue

CODE LYOKO
NINTENDO DS
CODE LYOKO
LICENSED BY Nintendo
THE GAME FACTORY
12+
www.pegi.info
DISPONIBLE DÉBUT JUIN 2007
CODE LYOKO .com
12+
www.pegi.info
THE GAME FACTORY
Taffy ENTERTAINMENT
www.gamefactory.com

www.bibliothequeverte.com
Le site de
tes héros préférés
LA BIBLIOTHÈQUE VERTE
TES SÉRIES PRÉFÉRÉES
CONCOURS
QUOI DE NEUF ?
L'ATELIER
LA BOUTIQUE
BIBLIOTHÈQUE VERTE
LA BIBLIOTHÈQUE VERTE

TABLE

« Pour l'éditeur, le principe est d'utiliser des papiers composés de fibres naturelles, renouvelables, recyclables et fabriquées à partir de bois issus de forêts qui adoptent un système d'aménagement durable. En outre, l'éditeur attend de ses fournisseurs de papier qu'ils s'inscrivent dans une démarche de certification environnementale reconnue. »

Imprimé en France par Jean-Lamour - Groupe Qualibris
Dépôt légal : juin 2008
20.07.1454.6/02 – ISBN 978-2-01-201454-1
Loi n°49-956 du 16 juillet 1949
sur les publications destinées à la jeunesse